MOLIÈRE

———

LE

MARIAGE FORCÉ

PARIS

Librairie des Bibliophiles

M DCCC XCI

LES PIÈCES DE MOLIÈRE

LE

MARIAGE FORCÉ

TIRAGE A PETIT NOMBRE

Il a été tiré en outre :

20 exemplaires sur papier du Japon, avec triple épreuve de la gravure (n°s 1 à 20).
25 exemplaires sur papier de Chine fort, avec double épreuve de la gravure (n°s 21 à 45).
25 exemplaires sur papier Whatman, avec double épreuve de la gravure (n°s 46 à 70).

70 exemplaires, numérotés.

LE MARIAGE FORCÉ
(Scène IX)

MOLIÈRE

LE

MARTAGE FORCÉ

COMÉDIE EN UN ACTE

AVEC UNE NOTICE ET DES NOTES

PAR

AUGUSTE VITU

Dessin de L. Leloir

GRAVÉ A L'EAU-FORTE PAR CHAMPOLLION

PARIS

LIBRAIRIE DES BIBLIOPHILES

Rue de Lille, 7

M DCCC XCI

NOTICE

SUR

LE MARIAGE FORCÉ

L E Mariage forcé *est la seconde des comédies-ballets que Molière ait dû improviser pour les fêtes de la cour. C'est sous cette forme qu'elle parut d'abord, officiellement qualifiée de « Ballet du roi ». Elle était alors divisée en trois actes, et coupée par des entrées de danseurs, de masques et de chanteurs. Elle fut donnée pour la première fois le 29 janvier 1664, au palais du Louvre, dans l'appartement de la Reine Mère, faisant suite à la salle des gardes, et qu'occupe aujourd'hui le Musée des antiques, au-dessous de la galerie d'Apollon. On la recommença au même lieu le jeudi 31, le lundi 4 février, et le samedi 9 chez Madame, au Palais-Royal. Le roi lui-même y figurait sous l'habit d'un Égyptien, en compagnie du marquis de Villeroy et du marquis de Rassan, sans compter les danseurs de profession.*

Il ne paraît pas que cette noble interprétation ait beaucoup servi au succès de la pièce, qu'elle éclipsa plutôt. Le gazetier Loret, qui avait eu l'honneur d'y assister, s'en explique avec une réserve voisine de la sévérité (Lettre du 2 février 1664) :

>   Mais ce que je dy du balet
>   Ne vaut pas un coup de sifflet,
>   Ou du moins ce n'est pas grand chose.
>   . . . .
>   Je ne dy rien des huit entrées,
>   Qui méritent d'être admirées,
>   Où princes et grands de la cour,
>   Et notre Roi, digne d'amour,
>   En comblant nos cœurs d'allégresse
>   Font éclater leur noble adresse.
>
>   J'obmets les deux Égyptiennes,
>   Ou, si l'on veut, bohémiennes,
>   Qui jouèrent audit balet
>   Admirablement leur rôlet,
>   Et parurent assez charmantes
>   Avec leurs atours et leurs mantes.
>   De la Du Parc rien je ne dis,
>   Qui rendoit les gens ébaudis
>   Par ses apas, par sa prestance,
>   Et par ses beaux pas et sa dance.
>   Enfin je ne décide rien
>   De ce balet, qui me plut bien.
>   Cette pièce assez singulière
>   Est un impromptu de Molière.

LE MARIAGE FORCÉ *fut donné pour la première*

fois au public sur le théâtre du Palais-Royal, le vendredi 15 *janvier* 1664, *avec le ballet et ses ornements, lesquels revenaient fort cher. Une note du registre de La Grange donne le détail des frais journaliers, à savoir : frais ordinaires,* 5o *livres; extraordinaires,* 3 *l.; soldats,* 12 *l.; feux et chandelles,* 6 *l.;* 12 *violons,* 36 *l.; ritournel et clavecin,* 7 *l.; danseurs,* 45 *l.; musique,* 5 *l.; Crosnier,* 3 *l.; total* 167 *livres. A quoi il faut ajouter d'autres frais une fois faits, savoir :* 121 *l.* 15 *s. pour bas de soie,* 3o *l. pour le vin des répétitions (détail caractéristique),* 45 *l. pour escarpins,* 33o *l. pour les habits,* 55o *l. pour M. de Beauchamp, maître de ballet. Les six premières représentations, comprenant les jours gras, furent généralement fructueuses, et s'élevèrent jusqu'à* 15o9 *l. le* 17 *février ; mais, à partir du mardi gras, les premiers jours de carême les virent tomber jusqu'à* 200 *l., et la pièce disparut de l'affiche dès le* 16 *mars, après la treizième représentation, exactement le chiffre fatidique qui avait marqué la chute de* Dom Garcie. *Elle reparut encore une fois à Versailles, le mardi* 13 *mai* 1664, *septième journée des fêtes données aux reines, et connues sous le titre collectif de* Plaisirs de l'île enchantée; *et ce fut tout. Mais, plus heureux que le* Prince Jaloux, *Sganarelle ressuscita quelques années plus tard; la reprise, qui eut lieu le* 24 *février* 1668, *obtint dix représentations consécutives, et, depuis ce* temps-là, la pièce est demeurée au répertoire courant. De nos jours, c'est une des pièces de Molière qui reparaissent le plus souvent sur l'affiche de la Comédie-Française comme lever de rideau.

Sous le titre du MARIAGE FORCÉ, Molière a groupé une série de scènes extrêmement comiques ; deux d'entre elles, qui exposent à la risée publique les doctrines aristotéliques avec le docteur Pancrace, et les doctrines pyrrhoniennes avec le docteur Marphurius, sont comme la revanche du génie et du bon sens sur les systèmes erronés d'une prétendue science philosophique, dont elles démontrent le néant et l'absurdité. A ce titre, elles appartiennent à l'histoire de la philosophie ; « se moquer de la philosophie, a dit Pascal, c'est encore philosopher ». Il est juste d'ajouter que la matière en a été fournie à Molière par le troisième livre de PANTAGRUEL, comme on s'en peut assurer en relisant, ce qui est toujours un plaisir, les chapitres IX, XIII, XIV, XXXI et XXXVI de cette épopée géniale, animés par les caricatures grandioses de Panurge, d'Épistémon, de la Sybille, de Raminagrobis, de Rondibilis et de Trouillogan. Je renvoie aux notes placées à la fin du présent volume les rapprochements précis entre le texte de Molière et celui de Rabelais.

Quant à la donnée même de la pièce, elle appartient sans conteste à notre grand poète comique ; du moins, je ne lui connais aucun antécédent, ni dans notre ancien théâtre français, ni dans les canevas italiens : car je ne puis m'arrêter à l'ARLEQUIN FAUX BRAVE, allégué par Cailhava, et dont il ne subsiste aucune trace. Il est vrai que les anecdotiers, gens d'imagination fertile, ont indiqué dès le dix-huitième siècle, par des sous-entendus mystérieux dont ils ont peu à peu développé le prétendu secret, l'analogie que présente la situation du bonhomme Sganarelle, contraint par le duelliste Alcidas d'épouser sa sœur Dorimène, avec le brillant chevalier de Grammont, mis en demeure par MM. Hamilton de réparer ses torts plus ou moins sérieux envers leur aimable sœur. On connaît l'historiette. Le comte de Grammont, quittant Londres, courait à franc étrier sur la route de Douvres; il y fut rejoint par les deux frères, qui lui crièrent du plus loin qu'ils l'aperçurent : « Monsieur de Grammont, n'avez-vous rien oublié à Londres? — Pardonnez-moi, répondit-il, j'ai oublié d'épouser mademoiselle votre sœur, et je retourne à Londres avec vous pour y finir cette affaire. » La fausseté de cette anecdote a été solidement démontrée par M. de Lescure, dans sa récente édition des MÉMOIRES DE GRAMMONT ; mais, en dehors de toute controverse, deux dates suffisent pour rompre tout lien entre le mariage de Grammont et celui de Sganarelle : c'est que la comédie fut représentée au mois de janvier 1664, tandis que le mariage de M. de Grammont avec miss Hamilton ne *fut célébré qu'en* 1668. *Il est bien clair que Molière n'a pu s'en inspirer quatre ans d'avance, et l'on peut conjecturer, en toute vraisemblance, que c'est au contraire* LE MARIAGE FORCÉ *qui a servi de modèle à l'ana fabriqué par les anecdotiers du dix-huitième siècle.*

Le Ballet du roi, que nous publions ci-après, pages 51 *à* 57, *peut être considéré comme le* scenario *de la comédie. Celle-ci en diffère cependant par quelques développements et par l'addition du personnage d'Alcidas, le frère de Dorimène.*

Voici quelle fut la distribution des rôles de la comédie et du ballet :

Sganarelle.	MOLIÈRE.
Géronimo.	LA THORILLIÈRE.
Alcantor.	BÉJARD.
Lycaste.	LA GRANGE.
Alcidas.	. . . . .
Pancrace.	BRÉCOURT.
Marphurius.	DU CROISY.
Dorimène.	Mmes DU PARC.
1re Égyptienne.	BÉJARD.
2e Égyptienne.	DE BRIE.

Molière, qui continuait à s'identifier au théâtre avec le caractère de Sganarelle, jouait celui-ci sous un habit ainsi décrit dans l'inventaire de 1673 (*Eudore Soulié, page* 276) : *haut-de-chausse et manteau de couleur d'olive doublé de vert, garni de boutons violets et argent faux, et un jupon de satin à fleurs d'aurore, garni de pareils boutons faux, et la ceinture.*

La première édition du Mariage forcé fut donnée en 1668, à Paris, par Jean Ribou, in-12 de 2 feuillets pour le titre et l'extrait du privilège, et 91 pages, sans dédicace ni préface.

Le privilège est daté du 20 février 1668, et l'achevé d'imprimer du 9 mars. La comédie ne fut donc imprimée que quatre ans après la Princesse d'Élide, qui parut en 1664, mais les vers du ballet avaient été imprimés dès 1664, chez Robert Ballard, in-4º de 12 pages.

L'édition originale du Mariage forcé, qui atteint un très haut prix dans les ventes, offre cette particularité qu'elle est incomplète : il y manque une notable partie de la scène de Pancrace, qui en est cependant la plus saillante et la plus irrésistiblement comique ; nous l'avons rétablie dans nos notes, d'après l'édition de 1682.

LE MARIAGE FORCÉ

COMÉDIE EN UN ACTE

PERSONNAGES

SGANARELLE.
GÉRONIMO.
DORIMÈNE, jeune coquette promise à Sganarelle.
ALCANTOR, père de Dorimène.
ALCIDAS, frère de Dorimène.
LYCASTE, amant de Dorimène.
Deux Égyptiennes.
PANCRACE, aristotélicien.
MARPHURIUS, docteur pyrrhonien.

LE MARIAGE FORCÉ

SCÈNE PREMIÈRE
SGANARELLE, GÉRONIMO

SGANARELLE.

Je suis de retour dans un moment. Que l'on ait bien soin du logis, et que tout aille comme il faut. Si l'on m'apporte de l'argent, que l'on me vienne querir vite chez le seigneur Géronimo ; et, si l'on vient m'en demander, qu'on dise que je suis sorti et que je ne dois revenir de toute la journée.

GÉRONIMO.

Voilà un ordre fort prudent.

SGANARELLE.

Ah! Seigneur Géronimo, je vous trouve à propos, et j'allois chez vous vous chercher.

GÉRONIMO.

Et pour quel sujet, s'il vous plaît?

SGANARELLE.

Pour vous communiquer une affaire que j'ai en tête et vous prier de m'en dire votre avis.

GÉRONIMO.

Très volontiers. Je suis bien aise de cette rencontre, et nous pouvons parler ici en toute liberté.

SGANARELLE.

Mettez donc dessus, s'il vous plaît. Il s'agit d'une chose de conséquence que l'on m'a proposée, et il est bon de ne rien faire sans le conseil de ses amis.

GÉRONIMO.

Je vous suis obligé de m'avoir choisi pour cela. Vous n'avez qu'à me dire ce que c'est.

SGANARELLE.

Mais auparavant je vous conjure de ne me point flatter du tout, et de me dire nettement votre pensée.

GÉRONIMO.

Je le ferai, puisque vous le voulez.

SGANARELLE.

Je ne vois rien de plus condamnable qu'un ami qui ne nous parle pas franchement.

GÉRONIMO.

Vous avez raison.

SGANARELLE.

Et dans ce siècle on trouve peu d'amis sincères.

GÉRONIMO.

Cela est vrai.

SGANARELLE.

Promettez-moi donc, Seigneur Géronimo, de me parler avec toute sorte de franchise.

GÉRONIMO.

Je vous le promets.

SGANARELLE.

Jurez-en votre foi.

GÉRONIMO.

Oui, foi d'ami. Dites-moi seulement votre affaire.

SGANARELLE.

C'est que je veux savoir de vous si je ferai bien de me marier.

GÉRONIMO.

Qui, vous?

SGANARELLE.

Oui, moi-même en propre personne. Quel est votre avis là-dessus?

GÉRONIMO.

Je vous prie auparavant de me dire une chose.

SGANARELLE.

Et quoi?

GÉRONIMO.

Quel âge pouvez-vous bien avoir maintenant?

SGANARELLE.

Moi ?

GÉRONIMO.

Oui.

SGANARELLE.

Ma foi, je ne sais, mais je me porte bien.

GÉRONIMO.

Quoi ! vous ne savez pas à peu près votre âge ?

SGANARELLE.

Non. Est-ce qu'on songe à cela ?

GÉRONIMO.

Hé ! dites-moi un peu, s'il vous plaît : combien aviez-vous d'années lorsque nous fîmes connoissance ?

SGANARELLE.

Ma foi, je n'avois que vingt ans alors.

GÉRONIMO.

Combien fûmes-nous ensemble à Rome ?

SGANARELLE.

Huit ans.

GÉRONIMO.

Quel temps avez-vous demeuré en Angleterre ?

SGANARELLE.

Sept ans.

GÉRONIMO.

Et en Hollande, où vous fûtes ensuite ?

SGANARELLE.

Cinq ans et demi.

GÉRONIMO.

Combien y a-t-il que vous êtes revenu ici?

SGANARELLE.

Je revins en cinquante-six.

GÉRONIMO.

De cinquante-six à soixante-huit, il y a douze ans, ce me semble; cinq ans en Hollande font dix-sept; sept ans en Angleterre font vingt-quatre; huit dans notre séjour à Rome font trente-deux, et vingt que vous aviez lorsque nous nous connûmes, cela fait justement cinquante-deux : si bien, Seigneur Sganarelle, que, sur votre propre confession, vous êtes environ à votre cinquante-deuxième ou cinquante-troisième année.

SGANARELLE.

Qui, moi? Cela ne se peut pas.

GÉRONIMO.

Mon Dieu, le calcul est juste. Et là-dessus je vous dirai franchement et en ami, comme vous m'avez fait promettre de vous parler, que le mariage n'est guère votre fait. C'est une chose à laquelle il faut que les jeunes gens pensent bien mûrement avant que de la faire; mais les gens de votre âge n'y doivent point penser du tout; et, si l'on dit que la plus grande de toutes les folies est celle de se marier, je ne vois rien de plus mal à propos que de la faire, cette folie, dans la saison où nous devons être plus sages. Enfin, je vous en dis nettement ma pensée ; je ne vous conseille point de songer au mariage, et je vous trouverois le plus ridicule du monde si, ayant été libre jusqu'à cette heure, vous alliez vous charger maintenant de la plus pesante des chaînes.

SGANARELLE.

Et moi je vous dis que je suis résolu de me marier, et que je ne serai point ridicule en épousant la fille que je recherche.

GÉRONIMO.

Ah ! c'est une autre chose. Vous ne m'aviez pas dit cela.

SGANARELLE.

C'est une fille qui me plaît et que j'aime de tout mon cœur.

GÉRONIMO.

Vous l'aimez de tout votre cœur?

SGANARELLE.

Sans doute, et je l'ai demandée à son père.

GÉRONIMO.

Vous l'avez demandée?

SGANARELLE.

Oui, c'est un mariage qui se doit conclure ce soir, et j'ai donné parole.

GÉRONIMO.

Oh! mariez-vous donc. Je ne dis plus mot.

SCÈNE I.

SGANARELLE.

Je quitterois le dessein que j'ai fait? Vous semble-t-il, Seigneur Géronimo, que je ne sois plus propre à songer à une femme? Ne parlons point de l'âge que je puis avoir, mais regardons seulement les choses. Y a-t-il homme de trente ans qui paroisse plus frais et plus vigoureux que vous me voyez? n'ai-je pas tous les mouvements de mon corps aussi bons que jamais? et voit-on que j'aie besoin de carrosse ou de chaise pour cheminer? N'ai-je pas encore toutes mes dents, les meilleures du monde? Ne fais-je pas vigoureusement mes quatre repas par jour? et peut-on voir un estomac qui ait plus de force que le mien? Hem, hem, hem! Eh! qu'en dites-vous?

GÉRONIMO.

Vous avez raison : je m'étois trompé. Vous ferez bien de vous marier.

SGANARELLE.

J'y ai répugné autrefois; mais j'ai maintenant de puissantes raisons pour cela. Outre la joie que j'aurai de posséder une belle femme, qui me fera mille caresses, qui me dorlotera et me viendra frotter lors que je serai las; outre cette joie, dis-je, je considère qu'en demeurant comme je suis je laisse périr dans le monde la race des Sganarelles, et qu'en me mariant je pourrai me voir revivre en d'autres moi-mêmes; que j'aurai le plaisir de voir des créatures qui seront sorties de moi, de petites figures qui me ressembleront comme deux gouttes d'eau, qui se joueront continuellement dans la maison, qui m'appelleront leur papa quand je reviendrai de la ville, et me diront de petites folies les plus agréables du monde. Tenez, il me semble déjà que j'y suis et que j'en vois une demi-douzaine autour de moi.

GÉRONIMO.

Il n'y a rien de plus agréable que cela, et je vous conseille de vous marier le plus vite que vous pourrez.

SGANARELLE.

Tout de bon ? vous me le conseillez ?

GÉRONIMO.

Assurément. Vous ne sauriez mieux faire.

SGANARELLE.

Vraiment, je suis ravi que vous me donniez ce conseil en véritable ami.

GÉROMINO.

Hé ! quelle est la personne, s'il vous plaît, avec qui vous allez vous marier ?

SGANARELLE.

Dorimène.

GÉRONIMO.

Cette jeune Dorimène, si galante et si bien parée ?

SCÈNE I

SGANARELLE.

Oui.

GÉRONIMO.

Fille du seigneur Alcantor?

SGANARELLE.

Justement.

GÉRONIMO.

Et sœur d'un certain Alcidas qui se mêle de porter l'épée?

SGANARELLE.

C'est cela.

GÉRONIMO.

Vertu de ma vie!

SGANARELLE.

Qu'en dites-vous?

GÉRONIMO.

Bon parti! Mariez-vous promptement.

SGANARELLE.

N'ai-je pas raison d'avoir fait ce choix?

GÉRONIMO.

Sans doute. Ah! que vous serez bien marié! Dépêchez-vous de l'être.

SGANARELLE.

Vous me comblez de joie de me dire cela. Je vous remercie de votre conseil, et je vous invite ce soir à mes noces.

GÉRONIMO.

Je n'y manquerai pas, et je veux y aller en masque afin de les mieux honorer.

SGANARELLE.

Serviteur.

GÉRONIMO, *à part*.

La jeune Dorimène, fille du seigneur Alcantor, avec le seigneur Sganarelle, qui n'a que cinquante-trois ans! O le beau mariage! ô le beau mariage!

SGANARELLE.

Ce mariage doit être heureux, car il donne de la joie à tout le monde, et je fais rire tous ceux à qui j'en parle. Me voilà maintenant le plus content des hommes.

SCÈNE II

DORIMÈNE, SGANARELLE.

DORIMÈNE.

Allons, petit garçon, qu'on tienne bien ma queue, et qu'on ne s'amuse pas à badiner.

SGANARELLE.

Voici ma maîtresse qui vient. Ah! qu'elle est agréable! quel air! et quelle taille! Peut-il y avoir un homme qui n'ait, en la voyant, des démangeaisons de se marier? Où allez-vous, belle mignonne, chère épouse future de votre époux futur?

SCÈNE II

Dorimène.

Je vais faire quelques emplettes.

Sganarelle.

Hé bien! ma belle, c'est maintenant que nous allons être heureux l'un et l'autre. Vous ne serez plus en droit de me rien refuser, et je pourrai faire avec vous tout ce qu'il me plaira sans que personne s'en scandalise. Vous allez être à moi depuis la tête jusqu'aux pieds, et je serai maître de tout : de vos petits yeux éveillés, de votre petit nez fripon, de vos lèvres appétissantes, de vos oreilles amoureuses, de votre petit menton joli, de vos petits tetons rondelets, de votre... Enfin toute votre personne sera à ma discrétion, et je serai à même pour vous caresser comme je voudrai. N'êtes-vous pas bien aise de ce mariage, mon aimable pouponne?

Dorimène.

Tout à fait aise, je vous jure, car enfin la sévérité de mon père m'a tenue jusques ici dans une sujétion la plus fâcheuse du monde. Il y a je ne sais combien que j'enrage du peu de liberté qu'il me donne, et j'ai cent fois souhaité qu'il me mariât pour sortir promptement de la contrainte où j'étois avec lui, et me voir en état de faire ce que je voudrai. Dieu merci, vous êtes venu heureusement pour cela, et je me prépare désormais à me donner du divertissement, et à réparer comme il faut le temps que j'ai perdu. Comme vous êtes un fort galant homme, et que vous savez comme il faut vivre, je crois que nous ferons le meilleur ménage du monde ensemble, et que vous ne serez point de ces maris incommodes qui veulent que leur femmes vivent comme des loups-garous. Je vous avoue que je ne m'accomoderois pas de cela, et que la solitude me désespère. J'aime le jeu, les visites, les assemblées, les cadeaux et les promenades, en un mot toutes les choses de plaisir, et vous devez être ravi d'avoir une femme de mon humeur. Nous n'aurons jamais aucun démêlé ensemble, et je ne vous contraindrai point dans vos actions, comme j'espère que, de votre côté, vous ne me contraindrez point dans les miennes : car, pour moi, je tiens qu'il faut avoir une complaisance mutuelle, et qu'on ne se doit point marier pour se faire enrager l'un l'autre. Enfin, nous vivrons, étant mariés, comme deux personnes qui savent leur monde. Aucun soupçon jaloux ne nous troublera la cervelle, et c'est assez que vous serez assuré de ma fidélité, comme je serai persuadée de la vôtre. Mais qu'avez-vous ? je vous vois tout changé de visage.

SGANARELLE.

Ce sont quelques vapeurs qui me viennent de monter à la tête.

DORIMÈNE.

C'est un mal, aujourd'hui, qui attaque beaucoup de gens; mais notre mariage vous dissipera tout cela. Adieu; il me tarde déjà que je n'aie des habits raisonnables pour quitter vite ces guenilles. Je m'en vais de ce pas achever d'acheter toutes les choses qu'il me faut, et je vous envoyray les marchands.

SCÈNE III

GÉRONIMO, SGANARELLE.

GÉRONIMO.

Ah! Seigneur Sganarelle, je suis ravi de vous trouver encore ici, et j'ai rencontré un orfèvre qui, sur le bruit que vous cherchiez quelque beau diamant en bague pour faire un présent à votre épouse, m'a fort prié de vous venir parler pour lui, et de vous dire qu'il en a un à vendre le plus parfait du monde.

SGANARELLE.

Mon Dieu, cela n'est pas pressé.

GÉRONIMO.

Comment? que veut dire cela? Où est l'ardeur que vous montriez tout à l'heure?

SGANARELLE.

Il m'est venu, depuis un moment, de petits scrupules sur le mariage. Avant que de passer plus avant, je voudrois bien agiter à fond cette matière, et que l'on m'expliquât un songe que j'ai fait cette nuit, et qui vient tout à l'heure de me revenir dans l'esprit. Vous savez que les songes sont comme des miroirs où l'on découvre quelquefois tout ce qui nous doit arriver. Il me sembloit que j'étois dans un vaisseau, sur une mer bien agitée, et que...

GÉRONIMO.

Seigneur Sganarelle, j'ai maintenant quelque petite affaire qui m'empêche de vous ouïr. Je n'entends rien du tout aux songes; et, quant au raisonnement du mariage, vous avez deux savants, deux philosophes, vos voisins, qui sont gens à vous débiter tout ce qu'on peut dire sur ce sujet. Comme ils sont de sectes différentes, vous pouvez examiner leurs diverses opinions là-dessus. Pour moi, je me contente de ce que je vous ai dit tantôt, et demeure votre serviteur.

SGANARELLE.

Il a raison. Il faut que je consulte un peu ces gens-là sur l'incertitude où je suis.

SCÈNE IV

PANCRACE, SGANARELLE.

PANCRACE, *se tournant du côté par où il est entré, et sans voir Sganarelle.*

Allez, vous êtes un impertinent, mon ami, un homme bannissable de la république des lettres.

SGANARELLE.

Ah! bon, en voici un fort à propos.

PANCRACE.

Oui, je te soutiendrai par vives raisons que tu es un ignorant, ignorantissime, ignorantifiant et ignorantifié, par tous les cas et modes imaginables.

SGANARELLE.

Il a pris querelle contre quelqu'un. Seigneur...

PANCRACE.

Tu veux te mêler de raisonner, et tu ne sais pas seulement les éléments de la raison.

SGANARELLE.

La colère l'empêche de me voir. Seigneur...

PANCRACE.

C'est une proposition condamnable dans toutes les terres de la philosophie.

SGANARELLE.

Il faut qu'on l'ait fort irrité. J'...

Le Mariage forcé.

PANCRACE.

Toto cælo, tota via aberras.

SGANARELLE.

Je baise les mains à monsieur le docteur.

PANCRACE.

Serviteur.

SGANARELLE.

Peut-on...

PANCRACE.

Sais-tu bien ce que tu as fait? Un syllogisme *in balordo.*

SGANARELLE.

Je vous...

PANCRACE.

La majeure en est inepte, la mineure impertinente, et la conclusion ridicule.

SGANARELLE.

Je...

PANCRACE.

Je crèverois plutôt que d'avouer ce que tu dis, et je soutiendrai mon opinion jusqu'à la dernière goutte de mon encre.

SGANARELLE.

Puis-je...

PANCRACE.

Oui, je défendrai cette proposition *pugnis et calcibus, inguibus et rostro.*

SCÈNE IV

SGANARELLE.

Seigneur Aristote, peut-on savoir ce qui vous met si fort en colère?

PANCRACE.

Un sujet le plus juste du monde.

SGANARELLE.

Et quoi encore?

PANCRACE.

Un ignorant m'a voulu soutenir une proposition erronée, une proposition épouvantable, effroyable, exécrable.

SGANARELLE.

Puis-je demander ce que c'est?

PANCRACE.

Ah? Seigneur Sganarelle, tout est renversé aujourd'hui, et le monde est tombé dans une corruption générale. Une licence épouvantable règne partout, et les magistrats qui sont établis pour maintenir l'ordre dans cet État devroient rougir de honte en souffrant un scandale aussi intolérable que celui dont je veux parler.

SGANARELLE.

Quoi donc?

PANCRACE.

N'est-ce pas une chose horrible, une chose qui crie vengeance au Ciel, que d'endurer qu'on dise publiquement la *forme d'un chapeau*?

SGANARELLE.

Comment?

PANCRACE.

Je soutiens qu'il faut dire la *figure d'un chapeau*, et non pas la forme : d'autant qu'il y a cette diférence entre la forme et la figure, que la forme st la disposition extérieure des corps qui sont anims, et la figure la disposition extérieure des corps ui sont inanimés ; et, puisque le chapeau est un cops inanimé, il faut dire la figure d'un chapeau, et on pas la forme. Oui, ignorant que vous êtes, c'st comme il faut parler, et ce sont les termes expès d'Aristote, dans le chapitre de *la Qualité*.

SGANARELLE.

Je pensois que tout fût perdu. Seigneur dcteur, ne songez plus à tout cela. Je...

PANCRACE.

Je suis dans une colère que je ne me sens pa.

SGANARELLE.

Laissez la forme et le chapeau en paix ; jii quelque chose à vous communiquer. Je...

PANCRACE.

Impertinent fieffé !

SGANARELLE.

De grâce, remettez-vous. Je...

PANCRACE.

Ignorant !

SCÈNE IV

SGANARELLE.

Eh! mon Dieu. Je...

PANCRACE.

Me vouloir soutenir une proposition de la sorte!

SGANARELLE.

Il a tort. Je...

PANCRACE.

Une proposition condamnée par Aristote!

SGANARELLE.

Cela est vrai. Je...

PANCRACE.

En termes exprès!

SGANARELLE.

Vous avez raison. Oui, vous êtes un sot et un impudent de vouloir disputer contre un docteur qui sait lire et écrire. Voilà qui est fait; je vous prie de m'écouter. Je viens vous consulter sur une affaire qui m'embarrasse. J'ai dessein de prendre une femme pour me tenir compagnie dans mon ménage. La personne est belle et bien faite; elle me plaît beaucoup, et est ravie de m'épouser. Son père me l'a accordée; mais je crains un peu ce que vous savez, la disgrâce dont on ne plaint personne, et je voudrois bien vous prier, comme philosophe, de me dire votre sentiment. Eh! quel est votre avis là-dessus?

PANCRACE.

Plutôt que d'accorder qu'il faille dire la forme

d'un chapeau, j'accorderois que *datur vacuum in rerum natura,* et que je ne suis qu'une bête.

SGANARELLE.

(*A part.*)   (*Haut.*)

La peste soit de l'homme! Eh! Monsieur le docteur, écoutez un peu les gens. On vous parle une heure durant, et vous ne répondez point à ce qu'on vous dit.

PANCRACE.

Je vous demande pardon. Une juste colère m'occupe l'esprit.

SGANARELLE.

Eh! laissez tout cela, et prenez la peine de m'écouter.

PANCRACE.

Soit. Que voulez-vous me dire?

SGANARELLE.

Je veux vous parler de quelque chose.

PANCRACE.

Et de quelle langue voulez-vous vous servir avec moi?

SGANARELLE.

De quelle langue?

PANCRACE.

Oui.

SGANARELLE.

Parbleu! de la langue que j'ai dans la bouche;

je crois que je n'irai pas emprunter celle de mon voisin.

PANCRACE.

Je vous dis de quel idiome, de quel langage?

SGANARELLE.

Ah! c'est une autre affaire.

PANCRACE.

Voulez-vous me parler italien?

SGANARELLE.

Non.

PANCRACE.

Espagnol?

SGANARELLE.

Non.

PANCRACE.

Allemand?

SGANARELLE.

Non.

PANCRACE.

Anglois?

SGANARELLE.

Non.

PANCRACE.

Latin?

SGANARELLE.

Non.

PANCRACE.

Grec?

SGANARELLE.

Non.

PANCRACE.

Hébreu?

SGANARELLE.

Non.

PANCRACE.

Syriaque?

SGANARELLE.

Non.

PANCRACE.

Turc?

SGANARELLE.

Non.

PANCRACE.

Arabe?

SGANARELLE.

Non, non, françois.

PANCRACE.

Ah! françois!

SGANARELLE.

Fort bien.

PANCRACE.

Passez donc de l'autre côté : car cette oreille-ci est destinée pour les langues scientifiques et étrangères, et l'autre est pour la maternelle.

SCÈNE IV

SGANARELLE, *à part.*

Il faut bien des cérémonies avec ces sortes de gens-ci.

PANCRACE.

Que voulez-vous?

SGANARELLE.

Vous consulter sur une petite difficulté.

PANCRACE.

Sur une difficulté de philosophie, sans doute?

SGANARELLE.

Pardonnez-moi. Je...

PANCRACE.

Vous voulez peut-être savoir si la substance et l'accident sont termes synonymes ou équivoques à l'égard de l'Être?

SGANARELLE.

Point du tout. Je...

PANCRACE.

Si la logique est un art ou une science?

SGANARELLE.

Ce n'est pas cela. Je...

PANCRACE.

Si elle a pour objet les trois opérations de l'esprit ou la troisième seulement?

SGANARELLE.

Non. Je...

PANCRACE.

S'il y a dix catégories, ou s'il n'y en a qu'une?

SGANARELLE.

Point. Je...

PANCRACE.

Si la conclusion est de l'essence du syllogisme?

SGANARELLE.

Nenni. Je...

PANCRACE.

Si l'essence du bien est mise dans l'appétibilité ou dans la convenance?

SGANARELLE.

Non. Je...

PANCRACE.

Si le bien se réciproque avec la fin?

SGANARELLE.

Eh! non. Je...

PANCRACE.

Si la fin nous peut émouvoir par son être réel ou par son être intentionnel?

SGANARELLE.

Non, non, non, non, non, de par tous les diables! non.

PANCRACE.

Expliquez donc votre pensée, car je ne puis pas la deviner.

SGANARELLE.

Je vous la veux expliquer aussi, mais il faut m'écouter.

SCÈNE IV

Sganarelle, *en même temps que le docteur.*

L'affaire que j'ai à vous dire, c'est que j'ai envie de me marier avec une fille qui est jeune et belle. Je l'aime fort, et l'ai demandée à son père; mais, comme j'appréhende...

Pancrace, *en même temps que Sganarelle.*

La parole a été donnée à l'homme pour expliquer sa pensée, et, tout ainsi que les pensées sont les portraits des choses, de même nos paroles sont-elles les portraits de nos pensées; mais ces portraits diffèrent des autres portraits en ce que les autres portraits sont distingués partout de leurs originaux, et que la parole enferme en soi son original, puisqu'elle n'est autre chose que la pensée expliquée par un signe extérieur : d'où vient que ceux qui pensent bien sont aussi ceux qui parlent le mieux. Expliquez-moi donc votre pensée par la parole, qui est le plus intelligible de tous les signes.

Sganarelle.
*(Il repousse le docteur dans sa maison, et tire
la porte pour l'empêcher de sortir.)*

Au diable les savants qui ne veulent point écouter les gens! On me l'avoit bien dit que son maître Aristote n'étoit rien qu'un bavard. Il faut que j'aille trouver l'autre : il est plus posé et plus raisonnable. Holà!

SCÈNE V

MARPHURIUS, SGANARELLE.

####### MARPHURIUS.
Que voulez-vous de moi, Seigneur Sganarelle?
####### SGANARELLE.
Seigneur docteur, j'aurois besoin de votre conseil sur une petite affaire dont il s'agit, et je suis venu ici pour cela. Ah! voilà qui va bien: il écoute le monde, celui-ci.
####### MARPHURIUS.
Seigneur Sganarelle, changez, s'il vous plaît, cette façon de parler. Notre philosophie ordonne de ne point énoncer de proposition décisive, de parler de tout avec incertitude, de suspendre toujours son jugement; et, par cette raison, vous ne devez pas dire : « Je suis venu », mais : « Il me semble que je suis venu ».
####### SGANARELLE.
Il me semble!
####### MARPHURIUS.
Oui.
####### SGANARELLE.
Parbleu! il faut bien qu'il me le semble, puisque cela est.

SCÈNE V

MARPHURIUS.

Ce n'est pas une conséquence, et il peut vous sembler sans que la chose soit véritable.

SGANARELLE.

Comment! il n'est pas vrai que je suis venu?

MARPHURIUS.

Cela est incertain, et nous devons douter de tout.

SGANARELLE.

Quoi! je ne suis pas ici, et vous ne me parlez pas?

MARPHURIUS.

Il m'apparoît que vous êtes là, et il me semble que je vous parle; mais il n'est pas assuré que cela soit.

SGANARELLE.

Eh! que diable, vous vous moquez! Me voilà et vous voilà bien nettement, et il n'y a point de *me semble* à tout cela. Laissons ces subtilités, je vous prie, et parlons de mon affaire. Je viens vous dire que j'ai envie de me marier.

MARPHURIUS.

Je n'en sais rien.

SGANARELLE.

Je vous le dis.

MARPHURIUS.

Il se peut faire.

SGANARELLE.

La fille que je veux prendre est fort jeune et fort belle.

MARPHURIUS.

Il n'est pas impossible.

SGANARELLE.

Ferai-je bien ou mal de l'épouser?

MARPHURIUS.

L'un ou l'autre.

SGANARELLE.

Ah! ah! voici une autre musique. Je vous demande si je ferai bien d'épouser la fille dont je vous parle.

MARPHURIUS.

Selon la rencontre.

SGANARELLE.

Ferai-je mal?

MARPHURIUS.

Par aventure.

SGANARELLE.

De grâce, répondez-moi comme il faut.

MARPHURIUS.

C'est mon dessein.

SGANARELLE.

J'ai une grande inclination pour la fille.

MARPHURIUS.

Cela peut être.

SGANARELLE.
Le père me l'a accordée.
MARPHURIUS.
Il se pourroit.
SGANARELLE.
Mais, en l'épousant, je crains d'être cocu.
MARPHURIUS.
La chose est faisable.
SGANARELLE.
Qu'en pensez-vous?
MARPHURIUS
Il n'y a pas d'impossibilité.
SGANARELLE.
Mais que feriez-vous si vous étiez en ma place?
MARPHURIUS.
Je ne sais.
SGANARELLE.
Que me conseillez-vous de faire?
MARPHURIUS.
Ce qui vous plaira.
SGANARELLE.
J'enrage!
MARPHURIUS.
Je m'en lave les mains.
SGANARELLE.
Au diable soit le vieux rêveur.
MARPHURIUS.
Il en sera ce qui pourra.

Sganarelle.

La peste du bourreau! Je te ferai changer de notte, chien de philosophe enragé.

(*Il le frappe.*)

Marphurius.

Ah! ah! ah!

Sganarelle.

Te voilà payé de ton galimatias, et me voilà content.

Marphurius.

Comment! quelle insolence! M'outrager de la sorte! avoir eu l'audace de battre un philosophe comme moi!

Sganarelle.

Corrigez, s'il vous plaît, cette manière de parler. Il faut douter de toutes choses, et vous ne devez pas dire que je vous ai battu, mais qu'il vous semble que je vous ai battu.

Marphurius.

Ah! je m'en vais faire ma plainte au commissaire du quartier des coups que j'ai reçus.

Sganarelle.

Je m'en lave les mains.

Marphurius.

J'en ai les marques sur ma personne.

Sganarelle.

Il se peut faire.

SCÈNE V

MARPHURIUS.

C'est toi qui m'as traité ainsi.

SGANARELLE.

Il n'y a pas d'impossibilité.

MARPHURIUS.

J'aurai un décret contre toi.

SGANARELLE.

Je n'en sais rien.

MARPHURIUS.

Et tu seras condamné en justice.

SGANARELLE.

Il en sera ce qui pourra.

MARPHURIUS.

Laisse-moi faire.

SGANARELLE.

Comment! on ne sauroit tirer une parole positive de ce chien d'homme-là! et l'on est aussi savant à la fin qu'au commencement! Que dois-je faire, dans l'incertitude des suites de mon mariage? Jamais homme ne fut plus embarrassé que je suis. Ah! voici des Égyptiennes. Il faut que je me fasse dire par elles ma bonne aventure.

SCÈNE VI

Deux Égyptiennes, SGANARELLE.

(Les Égyptiennes, avec leurs tambours de basque, entrent en chantant et dansant.)

Sganarelle.
Elles sont gaillardes. Écoutez, vous autres, y a-t-il moyen de me dire ma bonne fortune?
Première Égyptienne.
Oui, mon bon Monsieur, nous voici deux qui te la dirons.
Deuxième Égyptienne.
Tu n'as seulement qu'à nous donner ta main, avec la croix dedans, et nous te dirons quelque chose pour ton bon profit.
Sganarelle.
Tenez, les voilà toutes deux, avec ce que vous demandez.
Première Égyptienne.
Tu as une bonne physionnomie, mon bon Monsieur, une bonne physionomie.
Deuxième Égyptienne.
Oui, bonne physionomie, physionomie d'un homme qui sera un jour quelque chose.

SCÈNE VI

PREMIÈRE ÉGYPTIENNE.

Tu seras marié avant qu'il soit peu, mon bon Monsieur, tu seras marié avant qu'il soit peu.

DEUXIÈME ÉGYPTIENNE.

Tu épouseras une femme gentille, une femme gentille.

PREMIÈRE ÉGYPTIENNE.

Oui, une femme qui sera chérie et aimée de tout le monde.

DEUXIÈME ÉGYPTIENNE.

Une femme qui te fera beaucoup d'amis, mon bon Monsieur, qui te fera beaucoup d'amis.

PREMIÈRE ÉGYPTIENNE.

Une femme qui fera venir l'abondance chez toi.

DEUXIÈME ÉGYPTIENNE.

Une femme qui te donnera une grande réputation.

PREMIÈRE ÉGYPTIENNE.

Tu seras considéré par elle, mon bon Monsieur, tu seras considéré par elle.

SGANARELLE.

Voilà qui est bien ; mais dites-moi un peu, suis-je menacé d'être cocu ?

DEUXIÈME ÉGYPTIENNE.

Cocu ?

SGANARELLE.

Oui.

Première Égyptienne.

Cocu ?

Sganarelle.

Oui, si je suis menacé d'être cocu ?

Les deux Égyptiennes, *chantant et dansant.*

La, la, la, la...

Sganarelle.

Que diable ! ce n'est pas là me répondre. Venez çà. Je vous demande à toutes deux si je serai cocu ?

Deuxième Égyptienne.

Cocu, vous ?

Sganarelle.

Oui, si je serai cocu ?

Première Égyptienne.

Vous, cocu ?

Sganarelle.

Oui, si je le serai ou non !

Les deux Égyptiennes, *chantant et dansant.*

La, la, la, la !...

(*Elles s'en vont.*)

Sganarelle.

Peste soit des carognes, qui me laissent dans l'inquiétude ! Il faut absolument que je sache la destinée de mon mariage, et, pour cela, je veux aller trouver ce grand magicien dont tout le monde parle tant, et qui, par son art admirable, fait voir tout ce que l'on souhaite. Ma foi, je crois que je n'ai que faire d'aller au magicien, et voici qui me montre tout ce que je puis demander.

SCÈNE VII

DORIMÈNE, LYCASTE, SGANARELLE.

LYCASTE.

Quoi! belle Dorimène, c'est sans raillerie que vous parlez?

DORIMÈNE.

Sans raillerie.

LYCASTE.

Vous vous mariez tout de bon?

DORIMÈNE.

Tout de bon.

LYCASTE.

Et vos noces se feront dès ce soir?

DORIMÈNE.

Dès ce soir.

LYCASTE.

Et vous pouvez, cruelle que vous êtes, oublier de la sorte l'amour que j'ai pour vous et les obligeantes paroles que vous m'aviez données?

DORIMÈNE.

Moi? point du tout. Je vous considère toujours

de même, et ce mariage ne doit point vous inquiéter. C'est un homme que je n'épouse point par amour, et sa seule richesse me fait résoudre à l'accepter. Je n'ai point de bien, vous n'en avez point aussi, et vous savez que sans cela on passe mal le temps au monde, et qu'à quelque prix que ce soit il faut tâcher d'en avoir. J'ai embrassé cette occasion-ci de me mettre à mon aise, et je l'ai fait sur l'espérance de me voir bientôt délivrée du barbon que je prends. C'est un homme qui mourra avant qu'il soit peu, et qui n'a tout au plus que six mois dans le ventre. Je vous le garantis défunt dans le temps que je dis, et je n'aurai pas longuement à demander pour moi au Ciel l'heureux état de veuve. (*Apercevant Sganarelle.*) Ah! nous parlions de vous, et nous en disions tout le bien qu'on en sauroit dire.

LYCASTE.

Est-ce là Monsieur...?

DORIMÈNE.

Oui, c'est Monsieur qui me prend pour femme.

LYCASTE.

Agréez, Monsieur, que je vous félicite de votre mariage, et vous présente en même temps mes très humbles services. Je vous assure que vous épousez là une très honnête personne. Et vous, Mademoiselle, je me réjouis avec vous aussi de l'heureux choix que vous avez fait. Vous ne pouviez pas mieux trouver, et Monsieur a toute la mine d'être un fort bon mari. Oui, Monsieur, je veux faire amitié avec vous, et lier ensemble un petit commerce de visites et de divertissements.

DORIMÈNE.

C'est trop d'honneur que vous nous faites à tous deux. Mais allons, le temps me presse, et nous aurons tout le loisir de nous entretenir ensemble.

SGANARELLE.

Me voilà tout à fait dégoûté de mon mariage, et je crois que je ne ferai pas mal de m'aller dégager de ma parole. Il m'en a coûté quelque argent; mais il vaut mieux encore perdre cela que de m'exposer à quelque chose de pis. Tâchons adroitement de nous débarrasser de cette affaire. Holà!

SCÈNE VIII

ALCANTOR, SGANARELLE.

ALCANTOR.

Ah! mon gendre, soyez le bien venu!

SGANARELLE.

Monsieur, votre serviteur.

ALCANTOR.

Vous venez pour conclure le mariage?

Sganarelle.
Excusez-moi.
Alcantor.
Je vous promets que j'en ai autant d'impatience que vous.
Sganarelle.
Je viens ici pour autre sujet.
Alcantor.
J'ai donné ordre à toutes les choses nécessaires pour cette fête.
Sganarelle.
Il n'est pas question de cela.
Alcantor.
Les violons sont retenus, le festin est commandé, et ma fille est parée pour vous recevoir.
Sganarelle.
Ce n'est pas ce qui m'amène.
Alcantor.
Enfin vous allez être satisfait, et rien ne peut retarder votre contentement.
Sganarelle.
Mon Dieu, c'est autre chose.
Alcantor.
Allons, entrez donc, mon gendre.
Sganarelle.
J'ai un petit mot à vous dire.

ALCANTOR.

Ah! mon Dieu, ne faisons point de cérémonie : entrez vite, s'il vous plaît.

SGANARELLE.

Non, vous dis-je. Je vous veux parler auparavant.

ALCANTOR.

Vous voulez me dire quelque chose?

SGANARELLE.

Oui.

ALCANTOR.

Et quoi?

SGANARELLE.

Seigneur Alcantor, j'ai demandé votre fille en mariage, il est vrai, et vous me l'avez accordée ; mais je me trouve un peu avancé en âge pour elle, et je considère que je ne suis point du tout son fait.

ALCANTOR.

Pardonnez-moi, ma fille vous trouve bien comme vous êtes, et je suis sûre qu'elle vivra fort contente avec vous.

SGANARELLE.

Point : j'ai parfois des bizarreries épouvantables, et elle auroit trop à souffrir de ma mauvaise humeur.

ALCANTOR.

Ma fille a de la complaisance, et vous verrez qu'elle s'accommodera entièrement à vous.

SGANARELLE.

J'ai quelques infirmités sur mon corps qui pourroient la dégoûter.

ALCANTOR.

Cela n'est rien. Une honnête femme ne se dégoûte jamais de son mari.

SGANARELLE.

Enfin, voulez-vous que je vous dise? je ne vous conseille pas de me la donner.

ALCANTOR.

Vous moquez-vous? J'aimerois mieux mourir que d'avoir manqué à ma parole.

SGANARELLE.

Mon Dieu, je vous en dispense, et je...

ALCANTOR.

Point du tout. Je vous l'ai promise, et vous l'aurez en dépit de tous ceux qui y prétendent.

SGANARELLE.

Que diable !

ALCANTOR.

Voyez-vous, j'ai une estime et une amitié pour vous toute particulière, et je refuserois ma fille à un prince pour vous la donner.

SGANARELLE.

Seigneur Alcantor, je vous suis obligé de l'honneur que vous me faites; mais je vous déclare que je ne me veux point marier.

ALCANTOR.

Qui, vous?

SGANARELLE.

Oui, moi.

ALCANTOR.

Et la raison?

SGANARELLE.

La raison, c'est que je ne me sens point propre pour le mariage, et que je veux imiter mon père et tous ceux de ma race, qui ne se sont jamais voulu marier.

ALCANTOR.

Écoutez, les volontés sont libres, et je suis homme à ne contraindre jamais personne. Vous vous êtes engagé avec moi pour épouser ma fille, et tout est préparé pour cela; mais, puisque vous voulez retirer votre parole, je vais voir ce qu'il y a à faire, et vous aurez bientôt de mes nouvelles.

SGANARELLE.

Encore est-il plus raisonnable que je ne pensois, et je croyois avoir bien plus de peine à m'en dégager. Ma foi, quand j'y songe, j'ai fait fort sagement de me tirer de cette affaire, et j'allois faire un pas dont je me serois peut-être longtemps repenti. Mais voici le fils qui me vient rendre réponse.

SCÈNE IX
ALCIDAS, SGANARELLE.

ALCIDAS, *parlant toujours d'un ton doucereux*.
Monsieur, je suis votre serviteur très humble.
SGANARELLE.
Monsieur, je suis le vôtre de tout mon cœur.
ALCIDAS.
Mon père m'a dit, Monsieur, que vous vous étiez venu dégager de la parole que vous aviez donnée.
SGANARELLE.
Oui, Monsieur, c'est avec regret; mais...
ALCIDAS.
Oh! Monsieur, il n'y a pas de mal à cela.
SGANARELLE.
J'en suis fâché, je vous assure, et je souhaiterois...
ALCIDAS.
Cela n'est rien, vous dis-je. (*Lui présentant deux épées.*) Monsieur, prenez la peine de choisir, de ces deux épées, laquelle vous voulez.
SGANARELLE.
De ces deux épées?

SCÈNE IX.

ALCIDAS.

Oui, s'il vous plaît.

SGANARELLE.

A quoi bon?

ALCIDAS.

Monsieur, comme vous refusez d'épouser ma sœur après la parole donnée, je crois que vous ne trouverez pas mauvais le petit compliment que je viens vous faire.

SGANARELLE.

Comment?

ALCIDAS.

D'autres gens feroient du bruit et s'emporteroient contre vous; mais nous sommes personnes à traiter les choses dans la douceur, et je viens vous dire civilement qu'il faut, si vous le trouvez bon, que nous nous coupions la gorge ensemble.

SGANARELLE.

Voilà un compliment fort mal tourné.

ALCIDAS.

Allons, Monsieur, choisissez, je vous prie.

SGANARELLE.

Je suis votre valet : je n'ai point de gorge à me couper. La vilaine façon de parler que voilà!

ALCIDAS.

Monsieur, il faut que cela soit, s'il vous plaît.

SGANARELLE.

Eh! Monsieur, rengaînez ce compliment, je vous prie.

ALCIDAS.

Dépêchons vite, Monsieur. J'ai une petite affaire qui m'attend.

SGANARELLE.

Je ne veux point de cela, vous dis-je.

ALCIDAS.

Vous ne voulez pas vous battre?

SGANARELLE.

Nenni, ma foi.

ALCIDAS.

Tout de bon?

SGANARELLE.

Tout de bon.

ALCIDAS, *après lui avoir donné des coups de bâton.*

Au moins, Monsieur, vous n'avez pas lieu de vous plaindre, et vous voyez que je fais les choses dans l'ordre. Vous nous manquez de parole, je me veux battre contre vous ; vous refusez de vous battre, je vous donne des coups de bâton : tout cela est dans les formes, et vous êtes trop honnête homme pour ne pas approuver mon procédé.

SGANARELLE.

Quel diable d'homme est-ce ci?

SCÈNE IX

ALCIDAS.

Allons, Monsieur, faites les choses galamment et sans vous faire tirer l'oreille.

SGANARELLE.

Encore!

ALCIDAS.

Monsieur, je ne contrains personne; mais il faut que vous vous battiez ou que vous épousiez ma sœur.

SGANARELLE.

Monsieur, je ne puis faire ni l'un ni l'autre, je vous assure.

ALCIDAS.

Assurément?

SGANARELLE.

Assurément.

ALCIDAS.

Avec votre permission donc...

(Il le frappe.)

SGANARELLE.

Ah! ah! ah! ah!

ALCIDAS.

Monsieur, j'ai tout les regrets du monde d'être obligé d'en user ainsi avec vous; mais je ne cesserai point, s'il vous plaît, que vous n'ayez promis de vous battre ou d'épouser ma sœur.

SGANARELLE.

Hé bien! j'épouserai, j'épouserai...

Alcidas.

Ah! Monsieur, je suis ravi que vous vous mettiez à la raison, et que les choses se passent doucement, car enfin vous êtes l'homme du monde que j'estime le plus, je vous jure, et j'aurois été au désespoir que vous m'eussiez contraint à vous maltraiter. Je vais appeler mon père pour lui dire que tout est d'accord.

SCÈNE X

ALCANTOR, DORIMÈNE, ALCIDAS, SGANARELLE.

Alcidas.

Mon père, voilà Monsieur qui est tout à fait raisonnable. Il a voulu faire les choses de bonne grâce, et vous pouvez lui donner ma sœur.

Alcantor.

Monsieur, voilà sa main; vous n'avez qu'à donner la vôtre. Loué soit le Ciel! m'en voilà déchargé, et c'est vous désormais que regarde le soin de sa conduite. Allons nous réjouir, et célébrer cet heureux mariage.

LES ACTEURS DE LA COMÉDIE

SGANARELLE.	Molier.
GÉRONIMO.	La Thorillière.
DORIMÈNE.	Mlle du Parc.
ALCANTOR.	Béjart.
LYCANTE.	La Grange.
Première Bohémienne	Mlle Béjart.
Seconde Bohémienne	Mlle de Brie.
Premier Docteur.	Brécourt.
Second Docteur	Du Croisy.

LE MARIAGE FORCÉ

BALLET DU ROI

Dansé par Sa Majesté le 29º jour de janvier 1664.

LE MARIAGE FORCÉ

ARGUMENT

Comme il n'y a rien au monde qui soit si commun que le mariage, et que c'est une chose sur laquelle les hommes ordinairement se tournent le plus en ridicules, il n'est pas merveilleux que ce soit toujours la matière de la plupart des comédies, aussi bien que des ballets, qui sont des comédies muettes; et c'est par là qu'on a pris l'idée de cette comédie-mascarade.

ACTE PREMIER

SCÈNE PREMIÈRE

Sganarelle demande conseil au seigneur Géronimo s'il se doit marier ou non. Cet ami lui dit franchement que le mariage n'est guère le fait d'un homme de cinquante ans;

mais Sganarelle lui répond qu'il est résolu au mariage, et l'autre, voyant cette extravagance de demander conseil après une résolution prise, lui conseille hautement de se marier, et le quitte en riant.

SCÈNE II

La maîtresse de Sganarelle arrive, qui lui dit qu'elle est ravie de se marier avec lui pour pouvoir sortir promptement de la sujétion de son père et avoir désormais toutes ses coudées franches; et là-dessus elle lui conte la manière dont elle prétend vivre avec lui, qui sera proprement la naïve peinture d'une coquette achevée. Sganarelle reste seul, assez étonné; il se plaint, après ce discours, d'une pesanteur de tête épouvantable, et, se mettant en un coin du théâtre pour dormir, il voit en songe une femme, représentée par Mlle Hilaire, qui chante ce récit :

RÉCIT DE LA BEAUTÉ

Si l'Amour vous soumet à ses lois inhumaines,
Choisissez, en aimant, un objet plein d'appas :
    Portez, au moins, de belles chaînes,
Et, puisqu'il faut mourir, mourez d'un beau trépas.

Si l'objet de vos feux ne mérite vos peines,
Sous l'empire d'Amour ne vous engagez pas :
    Portez, au moins, etc.

PREMIÈRE ENTRÉE

LA JALOUSIE, LES CHAGRINS ET LES SOUPÇONS.

LA JALOUSIE : le sieur Dolivet.
LES CHAGRINS : les sieurs Saint-André et Desbrosses.
LES SOUPÇONS : les sieurs de Lorge et le Chantre.

DEUXIÈME ENTRÉE

QUATRE PLAISANTS OU GOGUENARDS.

Le comte d'Armagnac, MM. d'Heureux, Beauchamp
et des Airs le jeune.

ACTE II

SCÈNE PREMIÈRE

Le sieur Géronimo éveille Sganarelle, qui lui veut conter le songe qu'il vient de faire ; mais il lui répond qu'il n'entend rien aux songes, et que, sur le sujet du mariage, il peut consulter deux savants, qui sont connus de lui, dont l'un suit la philosophie d'Aristote et l'autre est pyrrhonien.

SCÈNE II

Il trouve le premier, qui l'étourdit de son caquet et ne le laisse point parler, ce qui l'oblige à le maltraiter.

SCÈNE III

Ensuite il rencontre l'autre, qui ne lui répond, suivant sa doctrine, qu'en termes qui ne décident rien : il le chasse avec colère, et là-dessus arrivent deux Égyptiens et quatre Égyptiennes.

TROISIÈME ENTRÉE

DEUX ÉGYPTIENS ET QUATRE ÉGYPTIENNES.

Deux Égyptiens : le ROI, le marquis de Villeroi.
Égyptiennes : le marquis de Rassan, les sieurs Raynal, Noblet et la Pierre.

Il prend fantaisie à Sganarelle de se faire dire sa bonne aventure, et, rencontrant deux Bohémiennes, il leur demande s'il sera heureux en son mariage. Pour réponse, ils se mettent à danser en se moquant de lui, ce qui l'oblige d'aller trouver un magicien.

RÉCIT D'UN MAGICIEN
Chanté par M. d'Estival.

Holà !
Qui va là ?
Dis-moi vite quel souci
Te peut amener ici.

Mariage.

*Ce sont de grands mystères
Que ces sortes d'affaires.*

Destinée.

*Je te vais, pour cela, par mes charmes profonds,
Faire venir quatre démons.*

Ces gens-là.

*Non, non, n'ayez aucune peur,
Je leur ôterai la laideur.*

N'effrayez pas.

*Des puissances invincibles
Rendent depuis longtemps tous les démons muets;
Mais, par signes intelligibles,
Ils répondront à tes souhaits.*

QUATRIÈME ENTRÉE

UN MAGICIEN QUI FAIT SORTIR QUATRE DÉMONS.

Le Magicien : M. Beauchamp.
Quatre Démons : MM. d'Heureux, de Lorge,
des Airs l'aîné et le Mercier.

Sganarelle les interroge; ils répondent par signes, et sortent en lui faisant les cornes.

ACTE III

SCÈNE PREMIÈRE

Sganarelle, effrayé de ce présage, veut s'aller dégager au père, qui, ayant ouï la proposition, lui répond qu'il n'a rien à lui dire, et qu'il lui va tout à l'heure envoyer sa réponse.

SCÈNE II

Cette réponse est un brave doucereux, son fils, qui vient avec civilité à Sganarelle et lui fait un petit compliment pour se couper la gorge ensemble. Sganarelle l'ayant refusé, il lui donne quelques coups de bâton le plus civilement du monde, et ces coups de bâton le portent à demeurer d'accord d'épouser la fille.

SCÈNE III

Sganarelle touche les mains à la fille.

CINQUIÈME ENTRÉE

Un maître à danser, représenté par M. Dolivet, qui vient enseigner une courante à Sganarelle.

SCÈNE IV

Le seigneur Géronimo vient se réjouir avec son ami, et lui dit que les jeunes gens de la ville ont préparé une mascarade pour honorer ses noces.

CONCERT ESPAGNOL

Chanté par la signora Anna Bergerotti, Bordigoni, Chiarini, Ion, Agustin, Taillavaca, Angelo Michaël.

Ziego me tienes, Belisa,
Mas bien tus rigores veo;
Porque es tu desden tan claro,
Que pueden verle los ziegos.

Aunque mi amor es tan grande,
Como mi dolor no es menos,
Si calla el uno dormido,
Sé que ya es el otro despierto.

Favores tuyos, Belisa,
Tuvieralos yo secretos;
Mas ya de dolores mios
No puedo hacer lo que quiero.

SIXIÈME ENTRÉE

DEUX ESPAGNOLS ET DEUX ESPAGNOLES.

MM. du Pille et Tartas, Espagnols.
MM. de la Lanne et de Saint-André, Espagnoles.

SEPTIÈME ENTRÉE
UN CHARIVARI GROTESQUE.

M. Lulli, les sieurs Balthasard, Vagnac, Bonnard, la Pierre, Descousteaux, et les trois Opterres frères.

HUITIÈME ET DERNIÈRE ENTRÉE
QUATRE GALANTS CAJOLANT LA FEMME DE SGANARELLE.

Monsieur le Duc, M. le duc de Saint-Aignan, MM. Beauchamp et Raynal.

NOTES

P. 4, l. 10. « *Mettez donc dessus* », sous-entendu votre chapeau ; couvrez-vous. Voyez la note 58-8, p. 118, de notre édition de *l'École des femmes*.

— 11. « Chose de *conséquence* », pour chose d'importance : « ces choses sont de trop peu de *conséquence* pour en informer la postérité. » (LA FONTAINE, *Vie d'Ésope*.) — « J'ai pensé que le sujet des disputes de Sorbonne étoit... d'une extrême *conséquence* pour la religion. » (PASCAL, *Première Provinciale*.)

5, 16-17. Imités du chapitre VII du livre III de *Pantagruel*, où Panurge consulte Pantagruel sur son projet de mariage.

7, 8. « De cinquante-six à soixante-huit. » Le texte primitif devait porter « de cinquante-deux à soixante-quatre », ce dernier millésime étant celui de la première représentation.

8, 28. Imité du chapitre IX du livre III de *Pantagruel*. « Comment Panurge se conseille à Pantagruel pour sçavoir s'il se doibt marier. »

10, 26. « *Galante* » ne veut dire ici que distinguée et bien parée. On sait que le mot *galant* est le participe présent de l'ancien verbe *galer*, qui signifie s'amuser. Du XIIIe siècle jusqu'à nos jours il a passé par des nuances bien différentes. Au moyen âge, *galant* était synonyme de brigand ;

aujourd'hui, un homme *galant* est un homme empressé auprès des femmes ; *galant* homme représente l'honnête homme du temps de Louis XIV, et femme *galante* est le synonyme poli de femme de mauvaise vie.

12, 18. « Qu'on tienne bien ma *queue*. » Dorimène fait porter sa *queue* pour jouer à la grande dame, comme son frère Alcidas « se mêle de porter l'épée ».

13, 17. Le Sganarelle de *l'École des maris* s'est déjà servi de ce diminutif familier :

Oui, ma pauvre fanfan, pouponne de mon âme.
Acte II, sc. xiv.

Je connais une jeune pouponne
Qui voudrait vous pouvoir offrir une couronne.
Destouches, *l'Irrésolu*, acte II, sc. viii.

14, 10. *Cadeaux*, dîners à la campagne. Voir la note 43-24, p. 58 de notre édition des *Précieuses ridicules*.

15, 5. Habit *raisonnable* est pris ici pour suffisant et convenable. Balzac, Mme de Sévigné, Mme de Maintenon, l'ont employé dans le même sens. Montaigne a dit : « J'ay appris à faire mes journées à l'espaignole, d'une traicte ; grandes et *raisonnables* journées. » (Montaigne, IV, 104.)

16, 5. Voir le chapitre xiii, livre IV, de *Pantagruel* : « Comment Pantagruel conseille Panurge prevoir l'heur ou malheur de son mariaige par songes. »

18, 11. *In balordo* : en français, argument de *balourd*, maladroit.

22, 18. Entre cette ligne et la ligne 19, il manque dans l'édition originale les lignes que nous allons transcrire, et qui sont précisément les plus plaisantes de toute la pièce :

Sganarelle *pousse le docteur dans sa maison, et tire la porte pour l'empêcher de sortir.*

Peste de l'homme !

PANCRACE, *au dedans de sa maison.*

Oui, la parole est *animi index et speculum.* C'est le truchement du cœur, c'est l'image de l'âme.

(*Il monte à la fenêtre et continue.*)

C'est un miroir qui nous présente naïvement les secrets les plus arcanes de nos individus ; et, puisque vous avez la faculté de ratiociner et de parler tout ensemble, à quoi tient-il que vous ne vous serviez de la parole pour me faire entendre votre pensée ?

SGANARELLE.

C'est ce que je veux faire, mais vous ne voulez pas m'écouter.

PANCRACE.

Je vous écoute, parlez.

SGANARELLE.

Je dis donc, Monsieur le docteur, que...

PANCRACE.

Mais surtout soyez bref.

SGANARELLE.

Je le serai.

PANCRACE.

Évitez la prolixité.

SGANARELLE.

Hé ! Monsi...

PANCRACE.

Tranchez-moi votre discours d'un apophthegme à la laconienne.

SGANARELLE.

Je vous...

PANCRACE.

Point d'ambages, de circonlocutions.

(*Sganarelle, de dépit de ne pouvoir parler, ramasse des pierres pour en casser la tête du docteur.*)

Hé ! quoi ? vous vous emportez au lieu de vous expliquer. Allez, vous êtes plus impertinent que celui qui m'a voulu soutenir qu'il faut dire la forme d'un chapeau ; et je vous prouverai en toute rencontre, par raisons démonstratives et convaincantes et par arguments *in barbara*, que vous n'êtes et ne serez jamais qu'une pécore, et que je suis et serai toujours, *in utroque jure,* le docteur Pancrace...

SGANARELLE.

Quel diable de babillard !

PANCRACE, *en rentrant sur le théâtre.*

Homme de lettres, homme d'érudition...

SGANARELLE.

Encore !

PANCRACE.

Homme de suffisance, homme de capacité ; (*s'en allant*) homme consommé dans toutes les sciences naturelles, morales et politiques ; (*revenant*) homme savant, savantissime, *per omnes modos et casus;* (*s'en allant*) homme qui possède *superlative* fables, mythologie et histoire ; (*revenant*) grammaire, poésie, rhétorique, dialectique et sophistique ; (*s'en allant*) mathématiques, arithmétique, optique, onirocritique, physique et métaphysique ; (*revenant*) cosmimométrie, géométrie, architecture, spéculoire et spéculatoire ; (*s'en allant*) médecine, astronomie, astrologie, physionomie, métoposcopie, chiromancie, géomancie, etc.

P. 28. La scène v, entre Sganarelle et le philosophe pyrrhonien Marphurius, est calquée sur le dialogue du chapitre XXVI, livre III, de *Pantagruel,* entre Panurge et Trouillogan, philosophe éphectique et pyrrhonien.

36, 23. « Peste soit des *carognes* » ; c'est la prononciation dure ou picarde du vilain mot *charogne*, dont Molière abuse un peu. Nous le trouvons, dès le XIIIe siècle, employé dans *Baudouin de Séebourg* (VIII, 1071) :

*Et no nature est telle qu'elle s'accordera
A che que la* carongne *de nos cors desirras.*
. . . . . . *Il n'est jour
Que ces* carongnes *là ne me rompent la teste.*

RÉGNIER, satire XI.

NOTES

43, 11. Cette réplique de Sganarelle est imitée d'une épigramme de Maleville :

> *Pour mettre ton esprit en paix,*
> *Résous-toi d'imiter ton père :*
> *Tu ne te marieras jamais.*

LE MARIAGE FORCÉ

BALLET DU ROI

Dansé par Sa Majesté le 29ᵉ jour de janvier 1664.

A PARIS

DES PRESSES DE D. JOUAUST

Rue de Lille, 7

LES PIÈCES DE MOLIÈRE

PUBLIÉES SÉPARÉMENT

Avec Dessins de Louis Leloir, gravés par Champollion

NOTICES ET NOTES PAR AUGUSTE VITU

EN VENTE : L'Étourdi, 6 fr. — Dépit amoureux, 6 fr. — Les Précieuses ridicules, 4 fr. 50. — Sganarelle, ou le Cocu imaginaire, 4 fr. 50. — Dom Garcie de Navarre, 5 fr. 50. L'École des Maris, 5 fr. — Les Fâcheux, 5 fr. — L'École des Femmes, 6 fr. — La Critique de l'École des Femmes, 5 fr. — L'Impromptu de Versailles, 4 fr. 50.

SOUS PRESSE : La Princesse d'Élide.

DANS LE MÊME FORMAT

PETITE BIBLIOTHÈQUE ARTISTIQUE

Comprenant plus de 100 volumes

Derniers ouvrages publiés :

CONTES DE LA FONTAINE, dessins d'ED. DE BEAUMONT, gravés par BOILVIN, 2 vol. . . . . 35 fr.

FABLES DE LA FONTAINE, dessins d'ÉMILE ADAN, gravés par LE RAT, 2 vol. . . . . 40 fr.

LETTRES PERSANES, de Montesquieu, dessins d'ED. DE BEAUMONT, gravés par BOILVIN, 2 vol. . . . 30 fr.

FABLES DE FLORIAN, dessins d'ÉMILE ADAN, gravés par LE RAT. . . . . 20 fr.

WERTHER, de Gœthe, gravures de LALAUZE. . . 20 fr.

LES QUINZE JOYES DE MARIAGE, 21 gravures de LALAUZE imprimées dans le texte. . . . . . . 30 fr.

MES PRISONS, dess. de BRAMTOT, gr. par TOUSSAINT. 20 fr.

LES CAQUETS DE L'ACCOUCHÉE, 14 gravures de LALAUZE imprimées dans le texte. . . . . . . 25 fr.

LE VICAIRE DE WAKEFIELD, gravures de LALAUZE, 2 vol. . . . . 25 fr.

LA NOUVELLE HÉLOÏSE, gravures d'HÉDOUIN hors texte, gravures de LALAUZE dans le texte, 6 vol. . . 45 fr.

MÉMOIRES DE MADAME DE STAAL, 9 gravures hors texte et 31 gravures dans le texte, par Lalauze. . . 50 fr.

NOTA. — *Ces prix sont ceux du format in-16, pap. de Hollande. — Voir le Catalogue de la Librairie pour la liste complète de la collection et les exemplaires de grand luxe.*

www.ingramcontent.com/pod-product-compliance
Lightning Source LLC
LaVergne TN
LVHW050644090426
835512LV00007B/1036